Poppy O'Neill

Ich bin super, so wie ich bin

1. Auflage 2022

Türkenstraße 89, 80799 München
info@yes-publishing.de

Redaktion: Caroline Kazianka
Umschlaggestaltung: Ivan Kurylenko (hortasar covers)
Satz: Carsten Klein, Torgau

Druck: Florjancic Tisk d.o.o., Slowenien
Printed in the EU

ISBN Print 978-3-96905-174-0
ISBN E-Book (EPUB, Mobi) 978-3-96905-176-4
ISBN E-Book (PDF) 978-3-96905-175-7

Poppy O'Neill

Ich bin super, so wie ich bin

Das Mitmachbuch zur Stärkung des Selbstbewusstseins

Aus dem Englischen von Melanie Schirdewahn

YES

INHALT

VORWORT

Von der Beraterin und Psychotherapeutin Amanda Ashman-Wymbs, zertifiziert durch die Britische Gesellschaft für Beratung und Psychotherapie (BACP)

Da ich selbst zwei Töchter großgezogen und mit vielen jungen Menschen therapeutisch gearbeitet habe, weiß ich, welch großen Einfluss das Selbstwertgefühl auf die Gesundheit und das Wohlbefinden von Kindern und Jugendlichen hat. Wenn man Kindern zeigt, wie sie ihre eigenen Gefühle besser verstehen und ein positiveres Selbstbild aufbauen können, kann ihnen das nicht nur helfen, Alltagssituationen besser zu meistern. Es kann auch zu gesünderen Verhaltensmustern führen, von denen sie noch als Erwachsene profitieren.

Ich bin super, so wie ich bin von Poppy O'Neill ist ein wunderbares, kindgerechtes Mitmachbuch mit lustigen Figuren und Übungen, durch die Kinder erfahren, was sich hinter dem Wort Selbstwertgefühl verbirgt. Die enthaltenen Übungen unterstützen Kinder dabei, sich ihrer Gefühle und Gedanken bewusst zu werden, und ermutigen sie, sich auf die Stärken und Möglichkeiten zu konzentrieren, die sie bereits in sich tragen. Darüber hinaus lernen sie, neue Verhaltensweisen zu etablieren, und das in kleinen, überschaubaren Schritten. Dieses Buch hilft Kindern dabei, die eigene Einzigartigkeit und die der anderen zu akzeptieren und wertzuschätzen. Es erklärt ihnen auch, was wahre Freundschaft ist. Es geht auf wichtige Aspekte wie das eigene Körperbild ein und zeigt, wie wesentlich ein gesunder Lebensstil für das Wohlbefinden ist. Begleitet wird dies von einfachen Meditations- und Achtsamkeitsübungen, die es Kindern ermöglichen, mithilfe ihres Körpers und ihrer Sinne eine Verbindung mit dem Hier und Jetzt herzustellen. So lernen sie auch, wie leicht sie auf diese Quelle des Friedens und des Glücks, die sie immer in sich tragen, zugreifen können.

Ich kann dieses Buch nur empfehlen. Es ist ein praktisches Hilfsmittel für Eltern, die ihre Kinder dabei unterstützen möchten, sich selbst besser zu verstehen, selbstbewusster zu werden und ihr Selbstwertgefühl zu steigern, um das eigene Ich vollständig zu entfalten.

EINLEITUNG FÜR ELTERN UND BETREUENDE

Sie sind nicht allein

Dieses Mitmachbuch kombiniert bewährte, von Kinderpsychologen entwickelte Methoden aus der kognitiven Verhaltenstherapie mit leicht verständlichen Übungen, um Kinder bei der Stärkung ihres Selbstwertgefühls zu unterstützen. Ist Ihr Kind vielleicht etwas reservierter als andere oder meidet es gewisse Aktivitäten, weil es glaubt, darin »nicht gut genug« zu sein? Diese Art von Selbstbewertung und die Haltung gegenüber sich selbst prägen das Selbstwertgefühl eines Kindes.

Dieses Buch richtet sich an Kinder zwischen sieben und elf Jahren, einem Alter, in dem vieles passiert, was Einfluss auf ihr Selbstwertgefühl haben und auch bis weit in die Zukunft ausstrahlen kann: Sie gehen enge Freundschaften ein, müssen erste Prüfungen in der Schule bestehen, entwickeln ein größeres Bewusstsein für den eigenen Körper und beginnen, sich mit anderen zu vergleichen. Viele starten auch mit der Nutzung sozialer Medien und erleben erstmals eine Art von Gruppenzwang unter Gleichaltrigen. Zudem ist es die Zeit, in der sich die Pubertät mit all ihren Stimmungsschwankungen ankündigt. Es ist nicht einfach, erwachsen zu werden, und die vielen Herausforderungen in dieser Zeit können ordentlich am Selbstwertgefühl nagen – das geht jedem Menschen so.

Falls Ihr Kind unter einem geringen Selbstwertgefühl leidet, können Sie sich also sicher sein: Sie und Ihr Kind sind damit nicht allein!

Anzeichen für ein geringes Selbstwertgefühl

Ein geringes Selbstwertgefühl kann sich auf unterschiedliche Weise bemerkbar machen. Folgende Anzeichen können darauf hindeuten, dass Ihrem Kind die nötige Portion Selbstvertrauen fehlt:

- Es spricht abwertend von sich selbst und sagt Dinge wie: »Die anderen können das besser als ich.«
- Es meidet Herausforderungen, weil es glaubt, sie nicht meistern zu können.
- Es kann Lob oder Kritik nicht gut annehmen und denkt viel darüber nach, was andere von ihm denken.
- Es geht nicht gern zu Schule, weil es glaubt, den Mitschülern nicht gewachsen zu sein.
- Es hat ausgeprägte Stimmungsschwankungen.
- Es unterwirft sich stark dem Gruppenzwang.
- Es entwickelt einen Kontrollwahn, um seine Ohnmacht und sein geringes Selbstwertgefühl zu verbergen.

Führen Sie Tagebuch, um herauszufinden, ob diese Verhaltensweisen bei Ihrem Kind vielleicht nur zu bestimmten Zeiten auftauchen. Wenn Sie dabei Muster entdecken, zum Beispiel eine bestimmte Aktivität oder eine Person, mit der sich das Kind schwertut, erleichtert das die Problemlösung.

Vergessen Sie nicht: Es ist nie zu spät, das Selbstwertgefühl Ihres Kindes zu stärken!

Sprechen Sie miteinander!

Was Sie zu Ihrem Kind sagen – und wie Sie es sagen – hat großen Einfluss darauf, wie es sich selbst sieht. Wenn ein Kind ein geringes Selbstwertgefühl hat, ist man oft versucht, ihm durch übertriebenes Lob ein gutes Gefühl zu geben. Doch wenn Sie es zu häufig und auch schon für Kleinigkeiten loben, gewöhnt es sich daran, aber das Selbstwertgefühl steigern Sie dadurch nicht. Im Gegenteil, übermäßiges Loben kann sogar schaden und das Selbstvertrauen weiter senken.

Für die Lösung jeder Art von Problem ist es ausschlaggebend, zunächst die Ursachen herauszufinden und das Problem klar zu benennen. Sprechen Sie daher mit Ihrem Kind, wenn eine bestimmte Schwierigkeit auftaucht. Hat Ihr Schatz zum Beispiel Probleme mit Mathe? War ein anderes Kind in der Schule gemein zu ihm? Fühlt sich Ihr Kind unattraktiver als andere? Hören Sie zu und lassen Sie Ihr Kind selbst formulieren, wie es sich fühlt. Und helfen Sie ihm dann, der Lösung des Problems in kleinen, überschaubaren Schritten näherzukommen. Seien Sie für Ihr Kind da, und unterstützen Sie es bei der Lösungsfindung. Und eines sollten Sie nie vergessen. Auch wenn Sie Ihr Kind am liebsten vor allem Negativen abschirmen würden: Um ein gesundes Selbstbewusstsein und Selbstwertgefühl zu entwickeln, müssen Kinder lernen, Schwierigkeiten eigenständig zu bewältigen und negative Gefühle zu überwinden.

Erste Schritte

Begleiten Sie Ihr Kind durch die Übungen in diesem Buch und nehmen Sie sich einmal pro Woche oder alle paar Tage immer nur eine Übung vor. Lassen Sie Ihr Kind das Tempo selbst bestimmen und die Aufgaben eigenständig lösen. Das ist wichtig, denn wenn Sie seine Selbstständigkeit fördern, stärken Sie gleichzeitig auch sein Selbstwertgefühl. Die Übungen sollen Ihr Kind dazu anregen, über sich selbst nachzudenken und an einem besseren Selbstwertgefühl zu arbeiten. Es lernt, sich über die eigenen Stärken klarzuwerden, sich selbst wertzuschätzen und zu erkennen, dass es ein ganz besonderer Mensch ist. Wenn Kinder über ein positives Selbstbild verfügen, sind sie für die Herausforderungen des täglichen Lebens viel besser gewappnet. Zeigen Sie Ihrem Kind, dass es Ihre uneingeschränkte Unterstützung hat, und helfen Sie ihm, sich neue Gewohnheiten anzueignen, durch die es seine Probleme eigenständig bewältigen kann. Sie werden sehen, wie sich sein Selbstwertgefühl dabei zusehends verbessert.

In diesem Buch geht es ausschließlich darum, Ihnen und Ihrem Kind zu vermitteln, was das Selbstwertgefühl ist und wie man es stärken kann. Falls Sie sich jedoch ernsthafte Sorgen um die psychische Gesundheit Ihres Kindes machen und die Probleme über das hinausgehen, was in diesem Buch behandelt wird, sollten Sie sich für eine weitergehende Beratung an Ihren Kinderarzt oder Hausarzt wenden.

WIE UMGEHEN MIT DIESEM BUCH – EINLEITUNG FÜR KINDER

Dieses Buch kann dir helfen, wenn …

* du denkst, dass andere alles viel besser können als du
* du dir viele Sachen nicht zutraust, weil du glaubst, dass du sie sowieso nicht schaffst
* du schnell aufgibst, wenn etwas nicht auf Anhieb klappt
* du nicht mehr an schönen Aktivitäten teilnimmst, weil du denkst, dass bestimmt etwas schieflaufen wird

Kommen dir diese Dinge bekannt vor? Geht es dir auch manchmal so? Dann gibt es in diesem Buch jede Menge Übungen und Tipps, die dir helfen können, mutiger und selbstbewusster zu werden.

Falls du an einer Stelle im Buch nicht weiterkommst, bitte einen Erwachsenen um Hilfe, dem du vertraust. Das könnte deine Mutter oder dein Vater sein. Oder auch dein großer Bruder, deine große Schwester, ein Lehrer, eine Betreuerin, deine Oma, dein Onkel, eine Nachbarin oder irgendein Erwachsener, den du gut kennst und mit dem du gut reden kannst.

Mach dir aber bitte keinen Druck, sondern erledige die Aufgaben in deinem eigenen Tempo! In diesem Buch geht es nur um dich, daher gibt es keine falschen Antworten. Du kennst dich ja am allerbesten und dieses Buch ist dazu da, alles aufzuschreiben, was du möchtest.

BOPP, DAS MONSTER

Hallo, ich heiße Bopp und begleite dich durch dieses Buch. Ich freue mich schon sehr darauf, dir alle Mitmachübungen und die tollen Tipps und Tricks zu zeigen. Bist du bereit? Na dann los!

TEIL 1: SELBSTWERTGEFÜHL? WAS IST DAS EIGENTLICH?

Wie siehst du dich selbst?

»Was denke ich eigentlich über mich selbst?« – diese Frage hast du dir vielleicht noch nie gestellt, aber es ist wichtig, dir ein bisschen Zeit dafür zu nehmen. Wahrscheinlich hast du vor allem Erwachsene schon einmal über Selbstwertgefühl reden hören. Das Selbstwertgefühl kann man nicht sehen oder berühren, aber du kannst es spüren und es hat eine große Kraft. Doch was ist es genau? Das Selbstwertgefühl sagt aus, wie du über dich denkst und wie du dich siehst. Es kann schlecht oder gut sein. Wenn du dich selbst gut findest und Vertrauen in deine eigenen Fähigkeiten hast, dann hast du ein gutes, starkes Selbstwertgefühl. Wenn du dich aber ablehnst und meinst, in allem schlecht zu sein, hast du ein schlechtes Selbstwertgefühl.

Jeder Mensch erlebt Tage oder Situationen, in denen er sich selbst nicht mag. Wenn es dir so geht, dann ist es wichtig, das Problem, das dafür verantwortlich ist, dass du dich schlecht fühlst, zu beseitigen, sodass du dich bald wieder besser fühlen kannst. Das ist nicht immer ganz einfach, aber dieses Buch möchte dir mit einfachen Übungen und Tipps helfen, dein Selbstwertgefühl zu stärken und unangenehme Dinge besser zu bewältigen.

ÜBUNG: ÜBER MICH

Verrate mir doch bitte etwas mehr über dich und fülle die folgenden Kästen aus:

Ich heiße …

Diese drei Wörter beschreiben mich gut:

Das möchte ich werden, wenn ich groß bin:

Ich kann richtig gut …

Zu meiner Familie gehören …

Meine Hobbys sind …

ÜBUNG: DESHALB BIN ICH SUPER

Auch wenn du dich selbst gerade nicht so gut findest – das ändert nichts daran, dass du ein besonderer Mensch bist. Und nicht nur das, du bist sogar vollkommen einzigartig. Deshalb ist es höchste Zeit, dich einmal ausgiebig zu loben. Schreib oder mal Dinge in die Kreise, die du gut kannst oder die du an dir magst:

ICH WERDE GELIEBT

ÜBUNG: MEINE SCHATZKISTE

Was ist dir wichtig? Schreib oder mal etwas über Menschen, die dir etwas bedeuten, und Dinge, die du gerne machst:

Was sind Gefühle?

Die vier wichtigsten Gefühle, die Menschen haben können, sind:

- Glück
- Angst
- Trauer
- Wut

Es gibt aber noch jede Menge anderer Gefühle. Gefühle kann man in seinem Körper richtig spüren.

Alle Menschen haben Gefühle, auch wenn sie sie vielleicht nicht immer zeigen. Es gibt angenehme und unangenehme, manche sind winzig klein und wir merken sie kaum. Andere Gefühle sind riesengroß und donnern richtig durch uns hindurch – das fühlt sich dann an, als hätte man keine Kontrolle mehr über sich selbst. Weil das aber gar nicht schön ist, kann es zu noch mehr schlechten Gefühlen und Gedanken führen.

Denk immer daran: Es ist ganz normal und in Ordnung, Gefühle zu haben, auch wenn du dich traurig oder wütend fühlst. Gefühle bleiben auch nicht für immer, sie kommen und gehen – so wie Regen oder Sonnenschein.

ÜBUNG: WAS FÜHLST DU GERADE?

Wie wäre es, wenn du einmal zeichnen würdest, was du gerade fühlst? Du könntest es zum Beispiel als Wetter darstellen (Sonne, Wolken, Regen), als Form, Farbe oder vielleicht auch als Tier oder Alien. Mal deine Gefühle einfach so, wie es für dich am meisten Sinn macht.

Ich fühle ...

Großartig, jetzt hast du ein Bild oder eine Beschreibung von deinem Gefühl. Stell dir jetzt bitte vor, du würdest dich neben das Gefühl setzen, es in Ruhe beobachten und ihm genau zuhören. Du fragst dich, was das soll? Ganz einfach: Dein Gefühl zu beschreiben oder zu malen, hilft dir, es besser zu verstehen.

Wenn du ein Bild mit einer großen, gelben Sonne gemalt hast, bist du wahrscheinlich gerade glücklich. Und das ist die perfekte Gelegenheit, um zum Beispiel ein Glücksglas zu basteln (Seite 73)!

Wenn du etwas Unangenehmes oder Unheimliches gemalt hast, wie beispielsweise eine Gewitterwolke, geht es dir vermutlich gerade nicht so gut. Dann solltest du mit einem Erwachsenen, dem du vertraust, darüber sprechen.

ÜBUNG: MEDITATION

Meditation ist eine Art Entspannungsübung, bei der Körper und Geist zur Ruhe kommen. Das Gute ist, dass man eigentlich überall meditieren kann. Am besten ist aber ein bequemer Stuhl an einem ruhigen Ort bei dir zu Hause oder ein schattiges Plätzchen im Freien.

- ⋆ Stell deinen Timer auf fünf Minuten oder hör ein entspannendes Lied an (wenn das Lied zu Ende ist, bist du mit der Meditation fertig).
- ⋆ Setz dich bequem hin.
- ⋆ Schließ die Augen.
- ⋆ Konzentrier dich auf deinen Atem und darauf, was du beim Ein- und Ausatmen im Körper spürst. Halte den Atem nicht an, sondern atme langsam und gleichmäßig durch die Nase ein und durch den Mund wieder aus. Nimm dabei die Geräusche wahr, die durch das Atmen entstehen. Wenn du dich komplett auf die Geräusche und Bewegungen deines Atems konzentrierst, hat dein Gehirn keine Zeit mehr, über andere Dinge nachzudenken.
- ⋆ Falls doch irgendwelche Gedanken auftauchen, ist das kein Problem. Konzentrier dich dann einfach wieder auf das Ein- und Ausatmen.
- ⋆ Wenn der Timer abgelaufen oder das Lied zu Ende ist, öffne langsam deine Augen.

Wie hast du dich beim Meditieren gefühlt? Umkreise die Wörter, die das beschreiben.

entspannt glücklich gelangweilt

hungrig wütend müde

besorgt

albern

neugierig friedlich

★ **Anfangs fühlt sich Meditation vielleicht merkwürdig an. Aber wenn du öfter übst, kannst du dich damit sehr gut entspannen und beruhigen.**

ICH ATME TIEF
EIN UND AUS

Gutes oder schlechtes Selbstwertgefühl?

Diese Anzeichen deuten darauf hin, dass du ein gutes Selbstwertgefühl hast:

- ★ Du bist glücklich.
- ★ Du findest, dass du ein guter Mensch bist.
- ★ Du glaubst an dich.
- ★ Du glaubst an eine gute Zukunft.
- ★ Du genießt die Welt um dich herum.
- ★ Du bist voller Energie und Hoffnung.
- ★ Du glaubst, dass du die Kraft hast, Dinge in deinem Leben zu verändern.
- ★ Du bist gerne mit anderen zusammen.
- ★ Du freust dich auch über die kleinen Dinge im Leben.
- ★ Du möchtest Gutes tun.
- ★ Du unterstützt andere.
- ★ Du respektierst, dass jeder anders ist.
- ★ Du weißt, dass jeder Fehler macht und dass man aus ihnen lernen kann.

Diese Anzeichen deuten darauf hin, dass du ein schlechtes Selbstwertgefühl hast:

- ⋆ Du bist unglücklich.
- ⋆ Du glaubst, dass alle anderen besser sind als du.
- ⋆ Du traust dir selbst nichts zu.
- ⋆ Du glaubst nicht an eine gute Zukunft.
- ⋆ Du siehst nur die schlechten Dinge um dich herum.
- ⋆ Du glaubst, dass du immer nur Pech hast.
- ⋆ Du fühlst dich fast immer müde.
- ⋆ Du sitzt viel herum und bist nicht aktiv.
- ⋆ Du machst dich selbst herunter, auch wenn dir jemand ein Kompliment macht.
- ⋆ Du siehst immer nur das Schlechte in allem.
- ⋆ Du hast keinen Respekt vor dir selbst.

ÜBUNG: BESTIMME DEIN SELBSTWERTGEFÜHL!

Bei jedem Menschen ist das Selbstwertgefühl ein bisschen anders. Es kann auch stärker oder schwächer werden, je nachdem, wie man sich gerade fühlt oder was man erlebt.

Wie schätzt du dein Selbstwertgefühl ein? Zeichne einen Pfeil an die Stelle, an der sich dein Selbstwertgefühl gerade befindet.

ICH KANN ÜBER MEINE GEFÜHLE REDEN

TEIL 2: SELBSTWERTGEFÜHL STÄRKEN

Jetzt hast du schon einiges über ein gutes und schlechtes Selbstwertgefühl gelernt. Nun geht es darum, wie du ein schlechtes Selbstwertgefühl loswerden und dich besser fühlen kannst.

MICH GIBT ES NUR EINMAL

ÜBUNG: WAS GIBT DIR EIN GUTES GEFÜHL?

Welche Dinge das Selbstwertgefühl stärken oder auch schwächen können, ist bei jedem anders. Schreib oder mal hier auf, was für Dinge das bei dir sind.

Was gibt dir ein gutes Gefühl und stärkt dein Selbstwertgefühl?
Beispiel: mit der besten Freundin zusammen sein, Fahrrad fahren.

Kannst du etwas davon jeden Tag machen?

ÜBUNG: WAS GIBT DIR EIN SCHLECHTES GEFÜHL?

Was gibt dir ein schlechtes Gefühl und schwächt dein Selbstwertgefühl?
Beispiel: ausgeschlossen werden, eine schwierige Schularbeit.

Es ist ganz normal, dass man manchmal ein schlechtes Selbstwertgefühl hat. Man kann es aber selbst verbessern. Wie? Das erfährst du im nächsten Kapitel.

ÜBUNG: ACHTE AUF DEINE GEDANKEN!

Was denkst du gerade? Nimm dir einen Moment Zeit, um dir über die Gedanken in deinem Kopf klar zu werden. Versuche, deine Gedanken wie unten aufzuschreiben.

Ich bin hungrig. → Ich habe Lust auf ein Brötchen.

Morgen ist Vokabeltest. → Habe ich genug geübt?

Ich freue mich aufs Wochenende. → Ich brauche Pause von der Schule. → Das Wochenende ist immer zu kurz.

Könnte ich doch so schnell laufen wie meine Freundin. → Sie ist immer schneller. → Trotzdem spiele ich gerne mit ihr.

Manchmal reicht es schon, seine Gedanken aufzuschreiben, um sich besser zu fühlen. Man zaubert die Gedanken sozusagen aus dem Kopf heraus auf das Papier. Das, was man aufgeschrieben hat, kann man jemandem zeigen, dem man vertraut. Oder man kann es zerknüllen und wegwerfen.

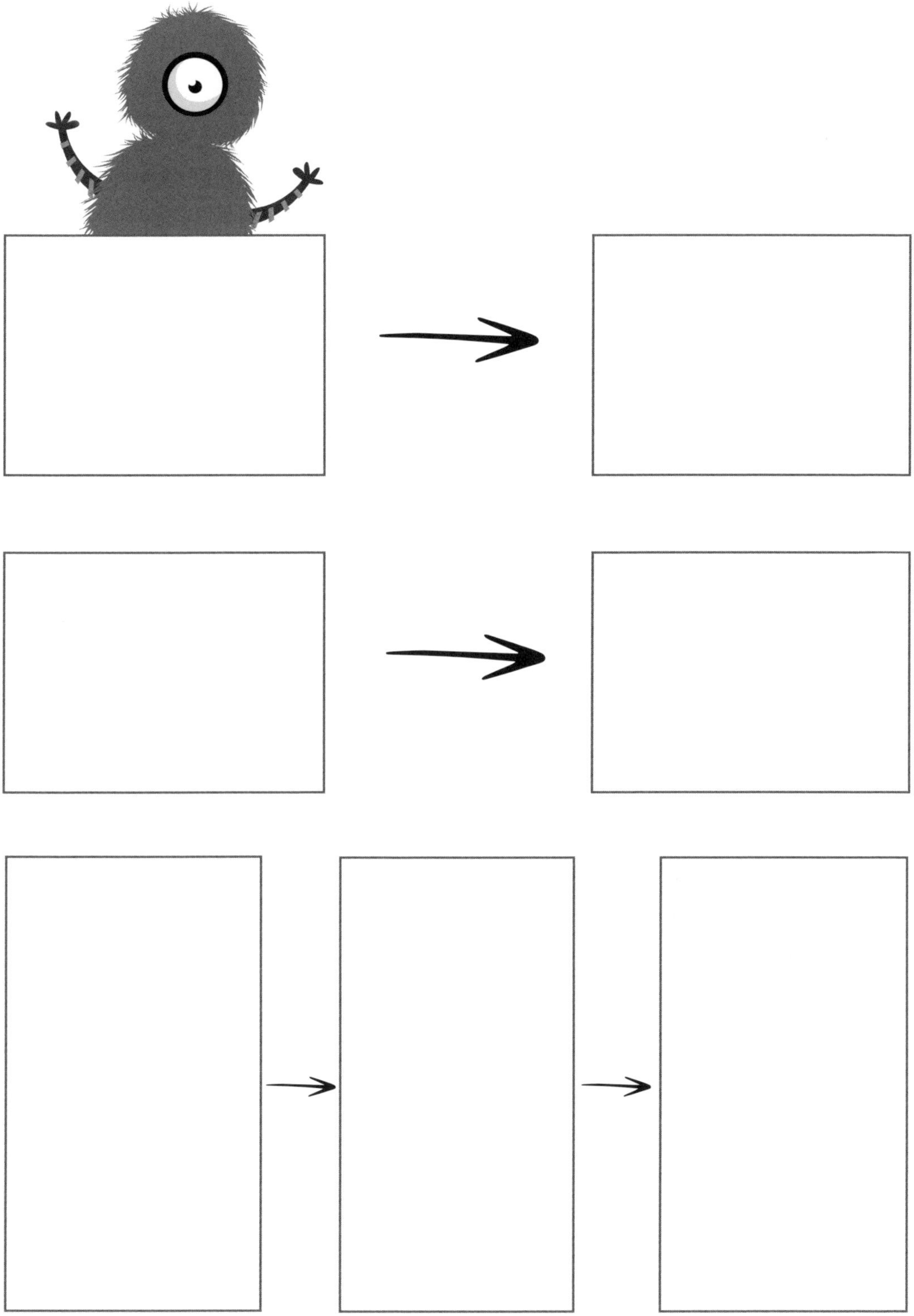

ICH KANN IMMER
UM HILFE BITTEN

Achtsamkeit

Achtsam zu sein bedeutet, alles um dich herum und in dir drin aufmerksam und freundlich wahrzunehmen, ohne es ändern zu wollen.

Achtsamkeit kann dir helfen, zur Ruhe zu kommen und mit schwierigen Problemen gut umzugehen. Viele Menschen nutzen Achtsamkeit jeden Tag. Gerade wenn man unter einem schlechten Selbstwertgefühl leidet, kann man dadurch inneren Frieden finden und sich entspannter und freier fühlen.

Probier es aus!

Achtsamkeitsübungen kann man überall und jederzeit machen! Nimm dir einen Moment Zeit, um die Dinge um dich herum, deine Gedanken und deine Gefühle wahrzunehmen.

Du weißt nicht, wie du anfangen sollst? Hier ein paar Vorschläge:

- ★ **Schließ die Augen und leg eine Hand auf deinen Bauch. Atme langsam ein und aus und spüre, wie sich deine Hand beim Atmen auf und ab bewegt.**

- ★ **Schließ beim Essen die Augen und spüre genau nach, wie es sich im Mund und auf der Zunge anfühlt und welche verschiedenen Aromen du schmeckst. Achte darauf, wie sich dein Bauch nach dem Essen anfühlt.**

- **Wenn es gerade regnet, nimm dir einen Moment Zeit, um die Regentropfen auf deiner Haut zu spüren. Fühlen sie sich kalt an? Sind es große Tropfen oder ist es eher feiner Nieselregen?**

- **Stell dich barfuß hin und konzentrier dich auf den Boden unter deinen Füßen. Ist er rau oder glatt? Warm oder kalt? Weich oder hart? Mit welchen anderen Worten könntest du ihn beschreiben?**

Diese Übungen können dir helfen, dich zu beruhigen und deine Gefühle besser zu kontrollieren. Wie bei vielen anderen Dingen gilt auch hier: Übung macht den Meister. Je öfter du Achtsamkeit übst, desto leichter wird es und desto mehr wird es dir helfen.

GEDANKEN SIND NUR GEDANKEN UND KEINE TATSACHEN

Das stärkt dein Selbstwertgefühl

Mit diesen einfachen Aktivitäten kannst du dein Selbstwertgefühl stärken:

- ★ Geh nach draußen, wann immer du kannst, bei jedem Wetter: Nimm alles wahr, was passiert. Was siehst du, was hörst du, was riechst du? Hüpf in eine Pfütze oder sammle interessante Blätter.
- ★ Lächle – Wissenschaftler haben herausgefunden, dass man sich automatisch besser fühlt, wenn man lächelt.
- ★ Ordne deine Bücher alphabetisch oder nach Farben.
- ★ Geh mit deinen Eltern oder einer Aufsichtsperson in den Park.
- ★ Gestalte ein Kunstwerk aus Bügelperlen oder Pappe – lass deiner Fantasie freien Lauf!
- ★ Mach Sport – zum Beispiel Hampelmänner oder Radfahren.
- ★ Hör fröhliche oder entspannende Musik.
- ★ Zeichne oder mal etwas.
- ★ Lies ein Buch.

Jeder Mensch ist anders

Kein Mensch auf diesem Planeten ist wie der andere. Jeder hat ein anderes Lieblingsbuch, andere Ängste. Wir sind alle verschieden.

Einige der Unterschiede sind sichtbar, andere nicht. Die von außen sichtbaren Dinge fallen zwar mehr auf, sie sagen aber nichts über das Innere eines Menschen aus. Nur weil Bopp behaart ist, heißt das noch lange nicht, dass er dieselben Vorlieben und Gedanken hat wie andere haarige Monster.

Es gibt Jungs und Mädchen, Menschen mit oder ohne Sommersprossen, Leute mit oder ohne Behinderung, Personen mit lockigem oder glattem Haar. Unsere Körper unterscheiden sich alle ein bisschen – aber es gibt kein Richtig oder Falsch. Jeder Mensch ist auf seine besondere Weise er selbst und genau richtig so, wie er ist.

ÜBUNG: DEINE FREUNDE

Denk an eine gute Freundin oder einen guten Freund von dir. Was habt ihr gemeinsam? Was unterscheidet euch? Schreib es hier auf oder mal ein Bild davon:

Beispiel: Haarfarbe, Lieblingssendung, Lieblingsfach

Wie man echte Freunde erkennt

Echte Freunde und Freundinnen sind etwas Wundervolles. Mit ihnen möchtest du am liebsten immer zusammen sein. Manchmal ist es aber auch so, dass jemand nur sagt, dass er dein Freund oder deine Freundin ist, sich aber überhaupt nicht so verhält. Vielleicht mobbt er oder sie dich sogar oder schließt dich aus.

Nur weil jemand viel Zeit mit dir verbringt und sagt, dass er dein Freund ist, muss das nicht unbedingt wahr sein. So etwas nennt man dann falsche Freunde. Wenn man ein schlechtes Selbstwertgefühl hat, lässt man sich von solchen falschen Freunden manchmal viel zu viel gefallen. Aber denk immer daran: Du solltest keine Zeit mit Menschen verbringen, die gemein zu dir sind, dich beleidigen oder ausschließen.

Ein wahrer Freund:

* hört zu
* ist nett zu dir
* setzt sich für dich ein
* schließt dich nicht aus
* stärkt dein Selbstwertgefühl

Ein falscher Freund:

* schließt dich aus
* tut dir weh
* tut so, also würde er dich nicht sehen
* hänselt oder mobbt dich
* verstärkt dein schlechtes Selbstwertgefühl

Ganz wichtig

* Wenn du gemobbt wirst, ist das auf keinen Fall deine Schuld! Sprich am besten mit einem Erwachsenen darüber, dem du vertraust. Du bist ein wertvoller Mensch und verdienst es, mit Respekt behandelt zu werden.

ÜBUNG: WAS FÜR EIN FREUND ODER EINE FREUNDIN BIN ICH?

Gute Freunde und Freundinnen zu haben, stärkt das Selbstwertgefühl. Genauso wichtig dafür ist es, dir bewusst zu machen, was dich zu einem guten Freund oder einer guten Freundin macht.

Hier kannst du dir selbst Orden für deine Verdienste als Freund oder Freundin verleihen! Schreib das, was du gut machst, zum Beispiel »Ich kann gut zuhören«, in einen der Orden und schneid ihn vorsichtig aus. Schmücke dann dein Tagebuch damit. Oder kleb die Orden auf ein Stück Pappe, befestige noch eine Klammer oder Sicherheitsnadel daran und trage sie mit Stolz an deiner Jacke!

ICH BIN NICHT
BESSER ODER
SCHLECHTER
ALS ANDERE.
ICH BIN ICH.

Befrei dich von anstrengenden Gedanken!

- ★ Manchmal scheint der Kopf vor lauter Gedanken fast zu platzen! Es kann richtig anstrengend werden, wenn alle Gedanken gleichzeitig um deine Aufmerksamkeit kämpfen.
- ★ Wenn du ein Notizbuch bei dir hast, kannst du alle Gedanken, die zu viel Aufmerksamkeit erfordern, aufschreiben. Dann sind sie im Notizbuch festgehalten und müssen nicht mehr in deinem Kopf sein.

ÜBUNG: ICH BIN SUPER!

Du bist super, und dafür gibt es viele Gründe, an die du dich immer wieder erinnern solltest.

Beende bitte die folgenden Sätze:

Ich war stolz auf mich, als ich ...

Heute war ich gut in/im ...

Ich freue mich auf ...

Ich habe immer viel Spaß, wenn ...

Welche Dinge schwächen dein Selbstwertgefühl?

Jetzt schauen wir uns an, wie du negative Gedanken besser kontrollieren kannst. Dazu müssen wir aber zuerst herausfinden, wie das Selbstwertgefühl genau funktioniert. Es gibt nämlich viele Dinge, die dein Selbstwertgefühl beeinflussen können, zum Beispiel:

- frühere Erlebnisse, die zu schönen oder traurigen Erinnerungen geführt haben (ein toller Urlaub oder eine schwere Zeit mit Mobbing in der Schule)
- das, was andere zu dir sagen, oder wie du von anderen behandelt wirst (wenn ein Lehrer dich lobt oder ein Freund dich ausschließt)
- deine eigenen Gedanken (»Ich schaffe das!« oder »Das traue ich mich nicht!«)

Wie kannst du ein schlechtes Selbstwertgefühl verbessern?

Indem du die Art und Weise, wie du über dich selbst und die Welt um dich herum denkst, veränderst. Wenn du positiver denkst, wirst du dich auch besser fühlen.

ICH GEBE MEIN BESTES

Woher kommt das Selbstwertgefühl?

Selbstwertgefühl ist etwas, das von innen kommt. Ein gutes Selbstwertgefühl bedeutet, dass man an sich selbst glaubt und sich selbst vertraut, auch wenn unangenehme Dinge passieren.

Bei einem schlechten Selbstwertgefühl sieht man sich selbst negativ und kann sich nicht richtig über die schönen Dinge freuen, die geschehen.

Jetzt schauen wir mal, wie es mit Bopps Selbstwertgefühl aussieht.

Die Lehrerin hat Bopp gebeten, nach vorne zu kommen und eine Geschichte laut vorzulesen. Bopp hat riesige Angst davor, beim Vorlesen Fehler zu machen.

Hat Bopp ein gutes Selbstwertgefühl, denkt er vielleicht Folgendes:

Hat Bopp ein schlechtes Selbstwertgefühl, denkt er vielleicht Folgendes:

Bopp hat Angst, dass er Fehler macht und die anderen Kinder ihn auslachen. Er will nicht vorlesen, denn sein Selbstwertgefühl ist gerade sehr schlecht.

Woran liegt es, dass Bopp ein so schlechtes Selbstwertgefühl hat? Es liegt an …

- **A** Bopps Lehrer
- **B** den anderen Kindern
- **C** den Gedanken, die Bopp sich macht

Die richtige Antwort ist C! Bopp hat Angst vorzulesen, weil er denkt, dass etwas Schlimmes passieren wird.

Wie könnte Bopps Selbstwertgefühl verbessert werden?

- **A** Bopp nie bitten, etwas vor der Klasse vorzulesen
- **B** den anderen Kindern Socken in den Mund stopfen, damit sie Bopp nicht auslachen können
- **C** Bopp muss die Art und Weise ändern, wie er über das Vorlesen denkt

Wieder ist C die richtige Antwort! Wenn Bopp nie laut vorliest, hat sein Selbstwertgefühl auch keine Chance zu wachsen. Es wird so klein bleiben, wie es ist, und vielleicht sogar noch kleiner werden. Und anderen Socken in den Mund zu stopfen, das geht natürlich gar nicht!

Im nächsten Kapitel schauen wir uns an, wie man das Selbstwertgefühl verbessern und stark halten kann, indem man Denken, Fühlen und Handeln verändert.

TEIL 3: NEGATIVE GEDANKEN VERÄNDERN

Jeder hat diese kleine Stimme im Kopf, die einem zuflüstert, wer man ist. Wenn man ein gutes Selbstwertgefühl hat, ist diese Stimme freundlich und gerecht. Aber bei einem schlechten Selbstwertgefühl klingt die Stimme sehr unfreundlich und bringt einen dazu, sich selbst ganz falsch zu sehen und Dinge über sich zu glauben, die nicht stimmen.

Die gute Nachricht ist: Du hast es selbst in der Hand, wie die Stimme zu dir spricht.

Welche negativen Gedanken hast du?

Der erste Schritt, um negative Gedanken loszuwerden, ist herauszufinden, welche schlechten Gedanken du hast. Kreuze bitte in der folgenden Liste alles an, was du manchmal denkst.

Negative Gedanken	
Niemand mag mich.	☐
Ich bin langweilig.	☐
Ich bin hässlich.	☐
Ich kann gar nichts gut.	☐
Schlimme Sachen passieren immer nur mir.	☐
Nur wenn ich perfekt bin, kann ich glücklich sein.	☐
Wenn andere mich erst kennenlernen, werden sie mich nicht mehr mögen.	☐
Ich bin ein schlechter Mensch.	☐

ÜBUNG: WAHR ODER FALSCH?

Jetzt spielen wir Detektiv und suchen nach Beweisen dafür, dass die Gedanken von Seite 59 falsch sind.

Als Hilfestellung kannst du dir diese Fragen stellen:

- Bin ich fair zu mir selbst? Beispiel: Es ist nicht fair, von mir zu verlangen, perfekt zu sein.
- Bringen mich diese Gedanken weiter? Beispiel: Es ist nicht hilfreich zu denken, dass ich scheitern werde, bevor ich es versucht habe.
- Kann das wirklich wahr sein? Beispiel: Es ist eher unwahrscheinlich, dass mich all meine Freunde eigentlich gar nicht mögen.
- Tatsache oder Meinung? Beispiel: »Ich bin hässlich« ist eine Meinung, keine Tatsache.
- Welche Tatsachen beweisen, dass der Gedanke falsch ist?
- Würde ich das auch zu meinem besten Freund/meiner besten Freundin sagen?

Schreib deine Ermittlungsergebnisse in eine Tabelle wie diese hier:

Gedanke	**Tatsache**	**Ist der Gedanke richtig?**
Ich bin langweilig.	Ich habe Freunde, die gerne mit mir spielen.	Nein!

JEDER IST MAL TRAURIG. ICH KANN ABER ETWAS TUN, UM MEINE GEFÜHLE ZU ÄNDERN

Erlebnisse aus der Vergangenheit

Negative Gedanken kommen teilweise wie aus dem Nichts. Manchmal entstehen sie aber auch durch Erlebnisse, die man früher einmal gehabt hat.

Wenn man etwas beim ersten Versuch nicht schafft, ist man oft davon überzeugt, dass es auch beim zweiten Mal nicht klappen wird. Es ist dann schwer, den Mut aufzubringen, es noch einmal zu versuchen.

Du kannst mir aber glauben: Niemand macht beim ersten Mal immer alles richtig. Man muss Neues ein paarmal üben, bis es einem irgendwann leicht fällt.

Umgang mit negativen Gedanken

Du kannst negative Gedanken in positive verwandeln, du musst nur wissen, wie das geht.

Schlechte Gedanken kommen manchmal aus heiterem Himmel und können dir den Tag vermiesen. Deshalb ist es wichtig zu lernen, wie man sie in positive verändern kann.

Nimm deinen negativen Gedanken und verändere ihn in einem Selbstgespräch zu einem positiven.

Bist du bereit?

Denkfehler

Manchmal reagiert unser Gehirn auf negative Gefühle mit Panik, oder es bringt Dinge durcheinander, was wiederum zu einem schlechten Selbstwertgefühl führen kann. Dein Gehirn macht dann einen sogenannten Denkfehler, es spielt dir einen Streich. Leider gibt es sehr viele unterschiedliche **Denkfehler**, die du machen kannst …

Bopp kennt einige Denkfehler:

Alles oder nichts: Wenn etwas nicht perfekt läuft, habe ich versagt.

Verallgemeinerung: Klappt eine Sache nicht, wird alles schiefgehen.

Negative Gedanken: Wenn alles gut läuft und nur eine Sache schiefgeht, denke ich nur an das, was nicht geklappt hat.

Gedankenleser: Ich weiß, dass mich keiner leiden kann.

Katastrophe: Ein Fehler macht alles kaputt.

Übertreibung: Alles, was ich an mir nicht mag, ist wichtig. Die Dinge, die ich an mir mag, sind nicht wichtig.

Negativer Vergleich: Meine Freundin ist in allem besser als ich.

Zu hohe Erwartungen: Ich muss in allem perfekt sein.

Ich bin nichts wert: Ich bin ein Versager!

Ich bin schuld: Alles geht schief, und ich bin schuld!

Gefühle sind Tatsachen: Ich fühle mich hässlich, also muss ich hässlich sein.

Die anderen sind schuld: Wenn die anderen netter wären, könnte ich alles besser.

Kommt dir manches bekannt vor?
Kreise die Gedanken ein, die du auch kennst.

STELL DICH VOR DEN SPIEGEL UND SAG ETWAS NETTES ZU DIR

Verändere deine Gedanken!

Man kann über dieselbe Sache unterschiedlich denken. Wenn du deine Denkweise veränderst, kannst du damit dein Selbstwertgefühl stärken.

- ⋆ Bopp möchte lernen, freihändig Fahrrad zu fahren, weiß aber, dass es schwierig ist. Da sieht er einen Freund freihändig vorbeifahren, der dabei viel Spaß hat. Er denkt: *So gut bin ich nicht, dann lasse ich es lieber gleich sein.*

- ⋆ Bopp hat Angst, dass es nicht auf Anhieb klappt, und versucht es deshalb erst gar nicht. Was Bopp nicht gesehen hat: Sein Freund ist beim ersten Mal auch hingefallen.

- ⋆ Möglichkeit 1: Bopp gibt auf, lernt nichts Neues und hat keinen Spaß.

- ⋆ Möglichkeit 2: Bopp verwandelt den negativen Gedanken in einen positiven: *Ich probiere es mal, und wenn es nicht klappt, bitte ich meinen Freund um Hilfe.*

Verwandle negative Gedanken in positive!

Wenn du negative Gedanken in positive Gedanken verwandeln möchtest, musst du an die Lösung des Problems denken. So geht das:

Das sage ich	Das denke ich wirklich	Umwandlung
Das ist doch blöd.	Ich verstehe es nicht.	Ich kann um Hilfe bitten.
Das ist langweilig.	Es könnte schwierig sein.	Ich kann es nach und nach lernen.
Ich kann das nicht.	Ich habe Angst zu versagen.	Ich gebe mein Bestes und bitte um Hilfe.
Ich bin darin schlecht.	Mein erster Versuch ist schiefgegangen.	Ich übe und werde immer besser.
Ich brauche zu lange.	Das ist zu viel für mich.	Ich mache einen Plan und schaffe es so.
Es ist zu schwer, ich gebe auf!	Ich fühle mich schlecht, weil ich es nicht auf Anhieb perfekt kann.	Ich versuche es später noch mal, wenn ich ruhiger bin.

ÜBUNG: MEINE POSITIVEN GEDANKEN

Jetzt bist du dran! Schreib bitte jeden negativen Gedanken auf, der dich davon abhält, etwas zu tun. Finde heraus, warum du diese Gedanken hast und was in Wirklichkeit dahintersteckt. Versuch dann, sie in positive Gedanken umzuwandeln (Hilfestellung findest du auf der vorherigen Seite).

Du steckst fest? Dann stell dir vor, dein bester Freund würde mit diesem Problem zu dir kommen. Welchen Rat würdest du ihm geben?

Das sage ich	Das denke ich wirklich	Umwandlung

ES IST IN ORDNUNG, MANCHMAL SCHWIERIGKEITEN ZU HABEN. AUCH MEINE GEFÜHLE SIND OKAY

ÜBUNG: SCHRITT FÜR SCHRITT

Manche Dinge scheinen erst einmal sehr kompliziert zu sein. Wenn man sie aber in viele kleine Schritte unterteilt, ist alles halb so schwierig. Denn auch mit vielen kleinen Schritten kommt man ans Ziel, und das viel entspannter!

Zeichne jetzt das Monster Bopp Schritt für Schritt auf ein Blatt Papier.

Schritt eins:

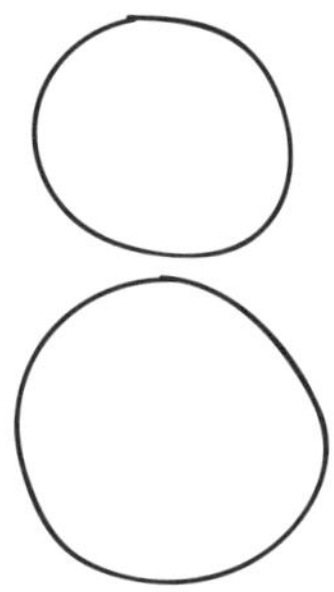

Schritt zwei:

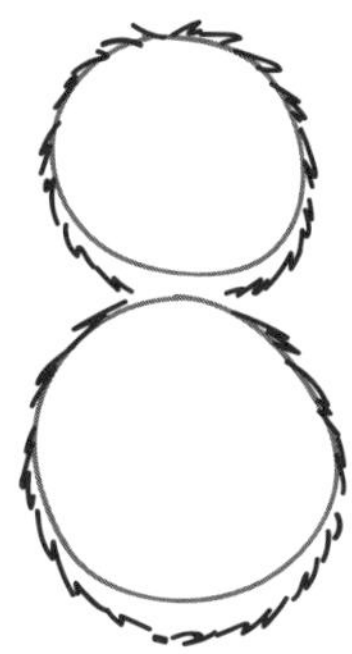

Schritt drei:

Schritt vier:

Schritt fünf:

Jeder hat im Leben Herausforderungen zu meistern und muss zum Beispiel in der Schule eine schwierige Aufgabe lösen oder ein dickes, aber sehr interessantes Buch lesen. Was fällt dir schwer? Und wie kannst du diese Herausforderung in viele kleine Schritte aufteilen?

Schreib Tagebuch

- Es ist gar nicht so einfach, sich an alle negativen Gedanken und Gefühle zu erinnern, die man hatte. Da kann ein Gefühlstagebuch helfen. So ein Tagebuch ist geheim, du kannst also alles hineinschreiben, was du denkst und fühlst. Versuch aber bitte, jedes Mal mindestens eine positive Sache zu erwähnen, wenn du in dein Tagebuch schreibst. Trotzdem musst du auch ganz ehrlich aufschreiben, wenn es dir nicht so gut geht! Durch das Aufschreiben kannst du deine Gedanken besser ordnen – vor allem wenn du gerade über sehr viele schwierige Dinge nachdenken musst. Vielleicht können dir deine Eltern ja ein Notizbuch geben, in das du schreiben kannst. Das muss kein Kalenderbuch mit Datum sein, das kannst du jeweils selbst notieren, wenn du hineinschreibst.

ICH BIN GUT GENUG

ÜBUNG: MEIN GLÜCKSGLAS

Welche kleinen oder großen Dinge machen dich glücklich? Das Rauschen in einer Muschel, das Geschenk einer Freundin, ein lustiger Kindergeburtstag? Schreib alles, was dir einfällt, auf kleine Stücke Papier. Hier sind zwei Vorlagen dafür:

Schneid die Papiervorlagen vorsichtig aus, falte sie in der Mitte und steck sie in ein leeres Glas mit Deckel oder in eine Schachtel (du kannst die Schachtel auch noch mit positiven Symbolen bemalen). Schreib von nun an alle schönen Dinge auf, die du erlebst (Kleinigkeiten oder auch große Dinge), und leg die Papierzettel zu den anderen ins Glas.

Immer, wenn du einen schlechten Tag hast, kannst du einen Zettel herausnehmen und durchlesen. Du wirst sehen, das hebt die Stimmung!

Sei nett zu dir selbst!

Aller Anfang ist schwer, und das gilt besonders für positives Denken. Es ist darum vollkommen in Ordnung und auch kein Grund zu verzweifeln, wenn dir zwischendurch mal ein negativer Gedanke durch den Kopf huscht. Jeder Mensch hat solche Gedanken, selbst wenn er noch so glücklich wirkt. Betrachte die negativen Gedanken als eine Chance, das positive Denken zu üben. Wart's ab – mit etwas Übung wirst du Experte im positiven Denken werden!

Stell dir schlechte Gedanken wie Wolken vor und lass sie einfach an dir vorbeiziehen.

Ändere dein Verhalten!

Die Art und Weise, wie ein Mensch in bestimmten Situationen handelt und reagiert, nennt man sein Verhalten. Wenn du ein gutes Selbstwertgefühl haben möchtest und dein Körper und dein Gehirn sich wohlfühlen sollen, musst du herausfinden, welche Verhaltensweisen nicht so gut sind und wie du dieses Verhalten ändern kannst.

Es gibt Verhaltensweisen, die dein Selbstwertgefühl ständig niedrig halten. Deshalb lernst du in diesem Kapitel, wie du diese ungesunden Verhaltensweisen verändern kannst.

Einige der Übungen wirken anfangs vielleicht etwas schwierig, aber du kannst sie in kleine Schritte unterteilen und in deinem eigenen Tempo angehen. Mehr Selbstwertgefühl aufzubauen ist richtig harte Arbeit und erfordert viel Geduld. Du bist aber schon auf einem guten Weg und kannst stolz auf dich sein.

ICH KANN MEIN VERHALTEN ÄNDERN

Ein Schritt nach dem anderen

Es ist extrem schwierig, Dinge zu tun, vor denen man eigentlich Angst hat. Der Trick dabei ist, in vielen kleinen Schritten ans Ziel zu kommen. Wenn Bopp nur daran denkt, etwas vor der Klasse vorlesen zu müssen, bekommt er schon Bauchschmerzen. Deshalb überlegt er sich, mit welchem kleinen Schritt er anfangen könnte:

* Zuerst liest Bopp das Buch allein für sich, nur ganz leise. Laut zu lesen, macht ihm Angst, aber allein ist es nicht so schlimm. Er liest ein paar Mal leise für sich und fühlt sich schon etwas wohler damit.

* Dann liest Bopp allein und laut. Anfangs fühlt es sich komisch an, aber irgendwann ist es okay.

* Als Nächstes liest Bopp das Buch im Sitzen einem Erwachsenen vor, den er gut kennt. Er verliest sich ein paar Mal, aber Bopp macht einfach weiter und liest irgendwann richtig gut.

* Bopp hat immer noch Angst, vor der Klasse laut zu lesen. Er versucht, dem Erwachsenen das Buch im Stehen vorzulesen, aber das ist ihm noch zu schwierig. Also probiert er es erst noch mal im Sitzen und stellt sich nach einer Weile wieder hin.

* Danach fragt er seine Lehrerin, ob er ihr laut aus dem Buch vorlesen darf. Er setzt sich im Klassenzimmer neben sie und liest laut und selbstsicher vor.

* Jetzt ist Bopp bereit, vor der ganzen Klasse laut vorzulesen. Er ist immer noch etwas nervös und liest deshalb nur eine Seite vor. Aber es klappt, und Bopp ist sehr stolz auf sich.

Diese sechs Schritte hat Bopp gebraucht

1. Allein leise lesen
2. Allein laut lesen
3. Einem Erwachsenen im Sitzen laut vorlesen
4. Einem Erwachsenen im Stehen laut vorlesen
5. Der Lehrerin laut vorlesen
6. Eine Seite vor der Klasse laut vorlesen

ÜBUNG: KLEINE SCHRITTE

Jetzt bist du an der Reihe! Schreib bitte die einzelnen Schritte auf, mit denen du ein bestimmtes Problem lösen kannst. Der erste Schritt sollte immer etwas sein, was dir angenehm ist. Wenn du zum Beispiel in einen Sportverein eintreten möchtest, könntest du die Sportart erst einmal in eurem Garten üben. Als Hilfestellung kannst du die Treppe auf der nächsten Seite nutzen.

Nicht vergessen: Du kannst so lange auf jeder Treppenstufe bleiben, wie du willst. Wenn du nicht weiterkommst, kannst du einen Erwachsenen um Hilfe bitten.

- ★ **Unterschiedliche Probleme erfordern unterschiedliche Lösungen. Aber die beste Methode, um Probleme in den Griff zu bekommen und das Selbstwertgefühl zu verbessern, sind kleine, überschaubare Schritte.**

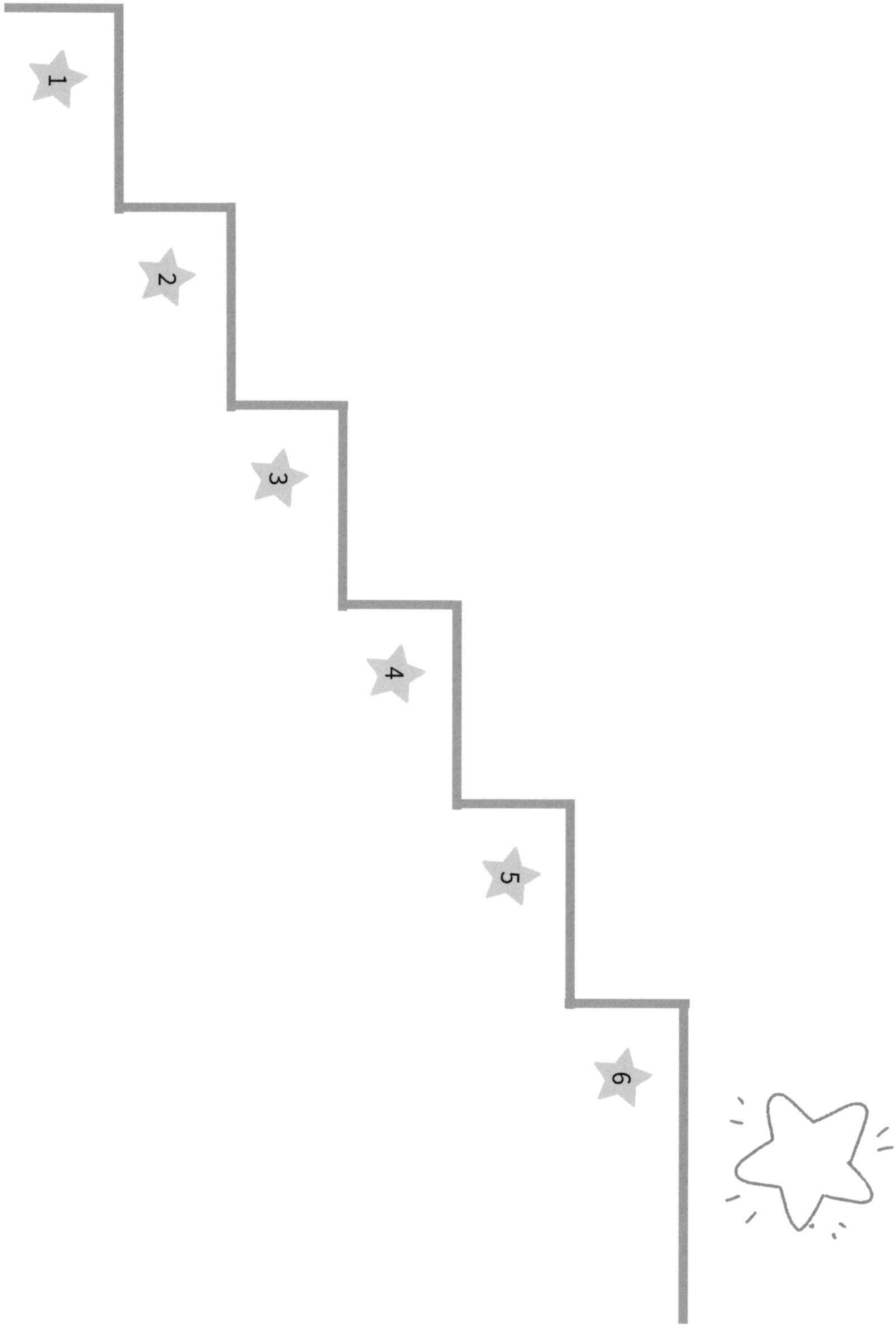
1
2
3
4
5
6

MEIN BESTES
IST GUT GENUG
FÜR MICH

Ungesundes Verhalten

Denkfehler erzeugen oft negative Gedanken, die dazu führen, dass wir uns schlecht fühlen. Um uns kurzzeitig besser zu fühlen, tun wir dann bestimmte Dinge, die aber auf Dauer nicht helfen, unser Selbstwertgefühl zu stärken. Hier und auf den nächsten Seiten findest du Beispiele für ungesunde Verhaltensweisen und Tipps, wie man diese überwinden kann. Lies erst die Verhaltensweisen durch, bevor du dir die Lösungen anschaust.

Vermeiden: sich vor etwas verstecken und versuchen, Dingen aus dem Weg zu gehen, weil sie schwierig sind.

Rosie würde gerne in den Fußballverein eintreten, aber sie hat Angst, dass die anderen Kinder sie auslachen, wenn sie nicht gut spielt. Deshalb geht sie erst gar nicht hin.

Verbergen: Dinge geheim halten, die uns von anderen unterscheiden.

Yussuf liebt Bücher und schreibt gerne Gedichte. Weil er glaubt, dass seine Freunde ihn deswegen auslachen würden, erzählt er es niemandem.

Perfektionistisch sein: versuchen, in allem immer der Beste zu sein.

Alex nutzt am Wochenende jede freie Minute zum Lernen. Er hat Angst, eine schlechte Note zu bekommen, und glaubt, dass seine Familie und seine Freunde ihn nur mögen, wenn er gut in der Schule ist.

Passiv sein: versuchen, es anderen ständig recht zu machen und nicht Nein sagen können. Schlecht über sich selbst sprechen.

Elina sagt nichts, wenn ihre Freundinnen Essen aus ihrer Lunchbox nehmen, weil sie glaubt, so bei ihnen beliebter zu sein. Sie hat dann aber den ganzen Nachmittag lang Hunger.

Aggressiv sein: rechthaberisch sein und andere schlecht behandeln, um das eigene schlechte Selbstwertgefühl zu verbergen.

Ben lacht immer laut, wenn andere Kinder in der Klasse einen Fehler machen. Er glaubt, dass er sich besser fühlt, wenn er andere schlecht macht.

Aufmerksamkeit suchen: Mitleid bei anderen erregen, andere dazu bringen, dass sie einem sagen, man wäre toll oder cool, gefährliche Sachen machen, damit andere einen beachten.

Emilie erzählt Lügen über sich und ihre Familie, weil sie glaubt, dass sie dann in der Klasse besser ankommt. Sie sagt, dass sie am Wochenende gefährliche Sachen unternimmt, die viel Geld kosten, um ihre Mitschüler zu beeindrucken.

Wenn man sich so verhält wie die Kinder in diesen Beispielen, fühlt man sich vielleicht kurzzeitig besser. Aber auf lange Sicht wird alles nur schlimmer, weil sich dadurch nichts an den negativen Gedanken ändert und das Selbstwertgefühl nicht wachsen kann.

Situationen vermeiden

Wenn du wie Rosie lieber zu Hause bleibst, statt Dinge zu erleben, wirst du nie erfahren, was dir in Wirklichkeit alles entgeht.

Spring ins kalte Wasser, denn es warten tolle Erfolgserlebnisse, viel Spaß und neues Wissen auf dich! Wenn du alles vermeidest, kann dein Selbstwertgefühl nicht wachsen.

Denk an eine Situation, in der du richtig mutig warst. Schreib hier auf, was du erlebt hast, oder mal ein Bild davon:

Wie hast du dich dabei gefühlt? Schreib es auf oder mal ein Bild davon:

Dinge verbergen

Yussuf glaubt, dass seine Freunde ihn auslachen werden, wenn sie erfahren, dass er gerne liest und Gedichte schreibt. Gibt es bei dir auch etwas, das du lieber geheim hältst? Vergiss nicht: Echte Freunde akzeptieren dich so, wie du bist, und es sind gerade die Unterschiede, die Freundschaften interessant machen.

Hast du irgendwann einmal etwas Überraschendes über eine Freundin oder einen Freund erfahren? Dann schreib es hier auf oder mal ein Bild davon:

Wie hat sich das angefühlt? Schreib es auf oder mal ein Bild davon:

Du musst vor deinen Freunden kein Riesending daraus machen. Sag einfach nur die Wahrheit, wenn sich die Gelegenheit bietet. Überleg dir vorher, was du sagen könntest, und nutze eine der Entspannungsübungen im nächsten Kapitel, um ruhig zu bleiben.

Perfektionistisches Verhalten

Geht es dir so wie Alex, der sich furchtbar anstrengt, um immer alles perfekt zu erledigen, und niemanden um Hilfe bitten will? Wie schon gesagt, so etwas wie Perfektion gibt es nicht! Und wenn du glaubst, perfekt sein zu müssen, heißt das nur, dass du niemals so gut sein wirst, wie du es von dir selbst erwartest. Um dein Selbstwertgefühl zu stärken, solltest du gar nicht erst versuchen, perfekt zu sein. Entspann dich und denk daran, dass du nur dein Bestes geben kannst und niemand mehr von dir verlangt.

Kannst du dich an eine Situation erinnern, in der du um Hilfe gebeten hast? Schreib sie auf oder mal ein Bild davon.

Was ist danach passiert? Schreib es auf oder mal ein Bild davon:

Um ein perfektionistisches Verhalten zu ändern, kannst du auch den Trick mit den Schritten nutzen (Seiten 77–80). Verändere dein Verhalten in vielen kleinen Schritten, dann ist es viel wahrscheinlicher, dass du dein Ziel erreichst. Das bedeutet auch, dass du zu manchen Sachen Nein sagen und akzeptieren musst, dass dein Bestes gut genug ist. Klappt nicht alles gleich auf Anhieb, ist das in Ordnung.

ICH KANN ES NOCH MAL VERSUCHEN

Passives Verhalten

Sich durchzusetzen und die eigenen Wünsche zu äußern, kann schwierig sein. Manchmal ist es einfacher, nachzugeben und die eigenen Bedürfnisse zurückzustellen – so wie bei Elina. Wenn du dich aber immer so verhältst, führt das dazu, dass dein Selbstwertgefühl weiter schwächer wird. Du glaubst dann irgendwann, dass du nicht so wichtig bist wie die anderen. Die Lösung: Du musst lernen, dich selbst zu behaupten.

Selbstbehauptung bedeutet, dass du dich selbst und andere respektvoll behandelst. Du kannst deine Meinung und deinen Willen äußern, ohne dabei rücksichtslos gegenüber anderen zu sein. Um passive Gedanken und Verhaltensweisen so zu verwandeln, dass du dich gegen andere behaupten kannst, kannst du den Trick mit der Gedankenumwandlung nutzen (Seiten 65–67).

Beispiel: Ein Mädchen drängelt sich in der Schulkantine in der Warteschlange vor.

Passiver Gedanke	Passives Verhalten	Umwandlung	Selbstbehauptender Gedanke	Selbstbehauptendes Verhalten
Sie hat es verdient, zuerst dranzukommen.	Nichts sagen und sie einfach vorlassen.	→	Ich war zuerst hier, sie muss sich genauso hinten anstellen wie ich.	»Entschuldige, aber ich war zuerst hier« sagen.

Fällt dir eine Situation ein, in der du dich nicht behauptet hast? Schreib sie hier auf oder mal ein Bild davon:

Was ist danach passiert? Schreib es auf oder mal ein Bild davon:

Leider kann man schlecht voraussagen, wann die nächste Gelegenheit kommt, in der man sich selbst behaupten muss. Du kannst das aber im Vorfeld üben und dir bestimmte Verhaltensweisen vornehmen. Denk bitte noch einmal an die Situation, die du gerade beschrieben hast, ändere jetzt aber das Ende. Stell dir vor, du würdest dich diesmal durchsetzen. Du kannst das in Gedanken machen oder vor dem Spiegel nachspielen. Wenn dann eine Situation kommt, in der du dich behaupten musst, weißt du genau, was zu tun ist. Anfangs traust du dich vielleicht noch nicht und es fühlt sich merkwürdig an, aber wenn du die Dinge nutzt, die du über das Umwandeln von Gedanken gelernt hast, kannst du es schaffen. Wenn du dich durchsetzt, werden andere Menschen dich auch besser behandeln und der Respekt vor dir selbst und dein Selbstwertgefühl werden wachsen.

Schreib auf der nächsten Seite in die Tabelle, wie du dich das nächste Mal behaupten würdest.

Beispiel:

Wenn du Hilfe beim Ausfüllen brauchst, schau auf die Seite 93!

Passiver Gedanke	Passives Verhalten	Umwandlung	Selbstbehauptender Gedanke	Selbstbehauptendes Verhalten
		→		

Hier sind noch ein paar andere Beispiele, mit denen du üben kannst:

- ★ Dein Freund sagt, dass er eine Fernsehsendung nicht mag, aber du findest sie gut.
- ★ Deine Freundin hat versprochen, sich beim Mittagessen neben dich zu setzen, aber sie scheint es vergessen zu haben.
- ★ Du spielst im Park und jemand nimmt dir den Ball weg.
- ★ Jemand mobbt deinen Freund.

Das könntest du dir vornehmen:

- ★ Ich melde mich in der Schule, wenn ich die Antwort weiß.
- ★ Ich beteilige mich an einem Gruppengespräch.
- ★ Meine Gefühle und Gedanken sind wichtig, deswegen spreche ich über sie.
- ★ Ich setze mich für meine Wünsche und Bedürfnisse ein.
- ★ Ich setze mich für meine Freunde ein.

Aggressives Verhalten

Ben kommandiert andere Kinder herum, um zu verbergen, dass er ein schlechtes Selbstwertgefühl hat. Dieses Verhalten ist aber gar nicht nett und wird Ben auf Dauer nicht helfen, sich besser zu fühlen. Es wird sein Selbstwertgefühl sogar senken! Auf Seite 93 hast du gelernt, was **Selbstbehauptung** ist. Und genau das ist auch der Weg, um aggressives Verhalten zu verändern.

Wenn du merkst, dass du aggressiv wirst, atme tief durch und verwandle deine aggressiven Gedanken in selbstbehauptende Gedanken (Seite 65–67).

Beispiel: Andere spielen im Park mit deinem Ball.

Aggressiver Gedanke	**Aggressives Verhalten**	**Umwandlung**	**Selbstbehauptender Gedanke**	**Selbstbehauptendes Verhalten**
Die wollen mich ärgern!	Wegschubsen oder anschreien.	→	Vielleicht dachten sie, es wäre ihr Ball, ich kann mal fragen.	»Hallo, gebt ihr mir bitte meinen Ball zurück« sagen.

★ **Sich selbst zu behaupten heißt, sich selbst und andere respektvoll zu behandeln. Man kann seine Meinung und seinen Willen äußern, ohne dabei rücksichtslos gegenüber anderen zu sein.**

Wenn man sich selbst behaupten möchte, sollte man die eigenen Gefühle, aber auch die der anderen im Blick haben. Warst du schon einmal aggressiv gegenüber anderen? Schreib es hier auf oder mal ein Bild davon:

Was ist danach passiert? Wie hast du dich gefühlt? Schreib oder mal es hier auf:

Denk noch einmal an diese Situation und überleg, wie du besser hättest reagieren können. Trag deine Ideen in die Tabelle unten ein.

Du brauchst Hilfe? Dann schlag die Seite 99 auf!

Aggressiver Gedanke	Aggressives Verhalten	Umwandlung	Selbstbehauptender Gedanke	Selbstbehauptendes Verhalten
		→		

Hier sind noch ein paar andere Beispiele, mit denen du üben kannst:

- Ein Freund zeigt dir einen Fehler in deinem Aufsatz.
- Du probierst eine neue Sportart aus, und es klappt nicht richtig.
- Ihr macht eine Gruppenarbeit in der Schule und müsst entscheiden, wer welche Aufgabe übernimmt.

ES IST SCHWIERIG,
ABER ICH
SCHAFFE ES!

Streben nach Aufmerksamkeit

Versuchst du auch manchmal so wie Emilie, die Aufmerksamkeit auf dich zu ziehen oder bestimmte Dinge zu tun, um Mitleid oder Komplimente zu bekommen? Ja, es fühlt sich gut an, im Mittelpunkt zu stehen. Aber sobald die Aufmerksamkeit weg ist, verschwindet dieses Gefühl sehr schnell wieder, wenn man ein schlechtes Selbstwertgefühl hat. Nur du allein kannst dafür sorgen, dass dein Selbstwertgefühl wächst.

Machst du auch manchmal Dinge, nur um Aufmerksamkeit zu erregen? Dann schreib oder mal sie hier auf:

(Beispiel: Die Lehrerin lobt Alunas Freund Anwar. Aluna fühlt sich zurückgesetzt. Deshalb klagt sie laut, dass ihr der Arm wehtut, damit die Lehrerin sie beachtet)

Wenn man die Angewohnheit hat, ständig Aufmerksamkeit erregen zu wollen, kann man das nicht von heute auf morgen abstellen. Beobachte eine Woche lang, wann du dich so verhalten hast, und schreib auf, was du getan hast. Dann zähl zusammen, wie oft du so gehandelt hast. Keine Angst, du musst diese Seite niemandem zeigen!

Montag	
Dienstag	
Mittwoch	
Donnerstag	
Freitag	
Samstag	
Sonntag	

Du kannst dein Verhalten ändern, indem du versuchst, solche Gewohnheiten zu durchbrechen.

Wenn du merkst, dass du Aufmerksamkeit erregen möchtest, tust du einfach einige Minuten etwas ganz anderes. Zum Beispiel:

* bis 100 zählen
* im Kopf deinen Lieblingssong singen
* in deiner Umgebung Sachen suchen, die die Farben des Regenbogens tragen

Das lenkt dich ab und beruhigt dich. Danach wirst du wahrscheinlich gar nicht mehr das Bedürfnis haben, die Aufmerksamkeit auf dich zu ziehen.

Wie wäre es, wenn du für dich selbst festlegen würdest, wie oft am Tag du dieses Verhalten zeigen darfst? Schau dir noch mal die Tabelle auf der vorherigen Seite an. Vielleicht könntest du die Anzahl der Situationen, in denen du versuchst, Aufmerksamkeit zu erregen, in der nächsten Woche halbieren?

Wenn du manchmal das Bedürfnis nach Aufmerksamkeit hast, ist das vollkommen in Ordnung. Natürlich kannst du andere um Hilfe bitten oder etwas erzählen, auf das du stolz bist. Denk dann aber immer an das, was du über Selbstbehauptung erfahren hast (mehr darüber findest du auf der Seite 93), achte also nicht nur auf dich, sondern auch auf die anderen. Denn jeder braucht und verdient genauso viel Aufmerksamkeit wie du.

Du wirst sehen: Wenn du ein besseres Selbstwertgefühl aufbaust und nicht mehr so oft das Bedürfnis hast, die Aufmerksamkeit auf dich zu ziehen, werden die Menschen um dich herum dich viel positiver wahrnehmen und du wirst nicht mehr so eifersüchtig reagieren, wenn andere Aufmerksamkeit bekommen.

MEIN BESTES IST GENUG

TEIL 4: PASS AUF DICH AUF!

Zeit zu entspannen

Ein besseres Selbstwertgefühl aufzubauen ist alles andere als einfach, aber du bist auf dem besten Weg dorthin! Wir alle fühlen uns manchmal gestresst oder sind unglücklich. Wenn du aber auf dich selbst und deinen Körper achtgibst, verbesserst du gleichzeitig dein Selbstwertgefühl.

Mach das, was DIR Spaß macht, und nicht nur das, was andere von dir wollen. Du bist genauso wichtig wie deine Freunde oder deine anderen Familienmitglieder. Nimm dir Zeit, um dich zu entspannen, um mit deinen Freunden und Freundinnen Spaß zu haben oder einfach mal allein zu sein. Denn solche Dinge machen glücklich. Es bringt dich nicht weiter, dich vor deinen Problemen zu verstecken. Gönn dir Zeit für dich und gestalte diese Zeit so schön wie möglich.

Anspannung und Entspannung

Stell dir vor, dass du eine ganz kleine, wertvolle Sache in der Hand hältst, zum Beispiel einen Edelstein. Halte ihn so fest, wie du kannst, und lass ihn dann los.

Hast du die Veränderung in deinem Körper gespürt, als du die Faust geballt hast? Genau das ist Anspannung. Wenn du dann wieder loslässt, tritt eine Entspannung ein.

So eine Anspannung fühlt man oft im Körper, wenn man sich ärgert oder sich Sorgen macht. Es gibt aber ein paar Tricks, die dir helfen, die Spannungen in deinem Körper zu lösen.

ÜBUNG: BAUM-ATMUNG

Atme tief ein und stell dir vor, dass deine Nase der Stamm dieses Baums ist. Lass die Luft durch den ganzen Stamm nach oben strömen, in jeden Zweig, bis alle Knospen aufgegangen sind. Atme dann aus und geh den Stamm wieder nach unten. Wiederhol das fünfmal. Die Baum-Atmung wirkt beruhigend und entspannend.

ÜBUNG: WAS HILFT DIR, DICH ZU ENTSPANNEN?

Probier auch mal diese Dinge aus:

- Zähl die Blattarten in eurem Garten.
- Schreib ein Gedicht.
- Lies dein Lieblingsbuch noch einmal.
- Mal ein Selbstporträt.
- Beschreibe deinen Lieblingsspielplatz. Was gibt es dort? Was hörst du, riechst du, fühlst du, siehst du?
- Mal ein Bild von der Aussicht vor deinem Fenster.
- Sortiere kleine Spielsachen, Perlen oder Knöpfe in einzelne Gruppen.
- Hör Musik.
- Mach ein Nickerchen.
- Schau dir Kunstwerke an.
- Schreib einen Brief an einen besonderen Menschen.
- Streichle dein Haustier.
- Hör Radio und sing mit.
- Erzähl einen Witz.
- Trink ein Glas Wasser mit einem Strohhalm.

ICH BIN ETWAS BESONDERES

ÜBUNG: KRICKELKRAKEL

Mal alle Lücken farbig aus, aber es dürfen keine Bereiche mit der gleichen Farbe nebeneinanderliegen.

★ **Diese Übung kannst du überall machen. Du brauchst dafür nur ein Blatt Papier und Buntstifte.**

Sorgen

Wenn dir irgendwelche Sorgen im Kopf herumspuken, dann lass sie raus!

Schreib sie auf, falls du dich nicht traust, sie jemandem zu erzählen, aber du wirst dich wundern, wie gut es tut, mit jemandem, dem du vertraust, über deine Sorgen zu sprechen. Gemeinsam könnt ihr dann überlegen, wie du dein Problem lösen kannst.

Du kannst deine Sorgen auch hier oder in dem auf Seite 71 erwähnten Tagebuch eintragen.

Vergleich dich nicht mit anderen!

Bei deinen Freunden gute Eigenschaften zu entdecken, ist supereinfach. Über sich selbst gut zu denken, ist aber nicht so leicht. **Sprich und denk über dich selbst genauso, wie du auch über deine besten Freundinnen und Freunde reden und denken würdest.** Und vergiss nicht: Wenn irgendjemand schneller laufen, besser malen oder weiter springen kann, dann liegt das wahrscheinlich einfach daran, dass er mehr geübt hat. Wenn du enttäuscht bist, dann gönn dir eine Pause, aber gib nicht auf.

Bei allem, was du gerne machst, sollte immer der Spaß an erster Stelle stehen. Du musst nicht in allem der oder die Beste sein!

Wenn es aber irgendeine Aktivität oder ein Hobby gibt, das du wirklich toll findest, in dem du aber nicht so gut bist, wie du möchtest, dann hilft nur üben. Sogar Olympiasieger im Schwimmen haben irgendwann mit einem Schwimmreifen angefangen!

* **Fehler zu machen heißt, dass du Dinge ausprobierst. Und aus Fehlern kann man lernen.**

Sei einfach du selbst!

Deine Freunde und deine Familie lieben dich, weil du bist, wie du bist. Du musst dafür nichts Besonderes leisten, sondern einfach nur du selbst sein.

ÜBUNG: ICH KANN GUT …

Wo liegen deine Stärken? Jeder kann etwas besonders gut, auch du. Wenn du deine Stärken aufschreibst, kann dir das helfen, stolz auf dich zu sein. Vielleicht kannst du ja schnell laufen, gut Witze erzählen oder wunderbar malen. Schreib unten fünf Sachen auf, in denen du gut bist.

1

2

3

4

5

Schreib jetzt Dinge auf, in denen du dich noch verbessern willst:

Was könntest du tun, um dich zu verbessern?

Schreib nun bitte auf, was du **noch** nicht kannst:

Wie könntest du das lernen?

Unterschiedliche Meinungen

Stell dir vor, dass alle Kinder in deiner Klasse Erdbeereis am liebsten mögen. Du findest aber Vanilleeis am besten. Wer hat nun recht? Die Antwort ist: keiner oder alle. Du musst nicht immer dasselbe denken und finden wie alle anderen. Auch Freunde müssen nicht in allem einer Meinung sein. Oft ist es sogar spannender, wenn Leute unterschiedliche Meinungen haben.

Es gibt keine zwei Menschen, die absolut gleich sind, nicht einmal Zwillinge! Wir sind alle einzigartig und besonders. Wenn du also andere Menschen triffst, wird es immer Gemeinsamkeiten und Unterschiede geben.

Hab keine Angst, eine andere Meinung zu haben … oder deine Meinung zu ändern!

Fällt dir eine Sache ein, in der du und dein Freund oder deine Freundin nicht einer Meinung wart?

Wobei hast du deine Meinung schon mal geändert?

ICH VERBIEGE MICH NICHT, UM SO ZU SEIN, WIE ANDERE DAS MÖCHTEN

ÜBUNG: ICH WEIß BESCHEID

Gibt es ein Thema, über das du besonders gut Bescheid weißt? Vielleicht über Katzen oder die Steinzeit? Schreib auf, was das ist, oder mal ein Bild davon:

ÜBUNG: MIT WELCHEN DREI WÖRTERN WÜRDEN FREUNDE DICH BESCHREIBEN?

Ist es nicht ein tolles Gefühl zu hören, welche Stärken man hat?

Tu was für dich!

Es ist wichtig, dass du dich auch um deinen Körper kümmerst. Du kannst viele einfache Dinge tun, um fit und gesund zu bleiben.

ÜBUNG: WIE AKTIV BIST DU?

Dabei geht es nicht unbedingt um Sport. Spazieren gehen, Fangen spielen, auf Bäume klettern oder tanzen, bei all diesen Aktivitäten bewegst du dich. Jeder Moment, in dem du dich bewegst, zählt! Schreib alles auf, was dir einfällt:

Mal dich selbst, wie du mit Bopp spielst!

★ **Schaffst du es, dich jeden Tag eine Stunde aktiv zu bewegen? So kommst du zum Beispiel auf 60 Minuten:**
15 Minuten gehen + 20 Minuten Fangen spielen + 25 Minuten auf Bäume klettern = 1 Stunde

Bewegung ist nicht nur wichtig, damit dein Körper gesund bleibt. Sie führt auch dazu, dass dein Gehirn spezielle Stoffe ausschüttet, die ein Glücksgefühl auslösen!

Gesund essen

Klar, Schokolade und Chips schmecken gut, sind aber leider nicht sonderlich gesund. Wenn du aber viele gesunde und leckere Sachen isst, fühlst du dich besser und hast mehr Energie für all die schönen Dinge im Leben.

ÜBUNG: WAS IST DEIN LIEBLINGSOBST UND -GEMÜSE?

Mal auf den linken Teller einen Turm aus deinem Lieblingsobst, auf den rechten aus deinem Lieblingsgemüse. Welcher Turm ist höher?

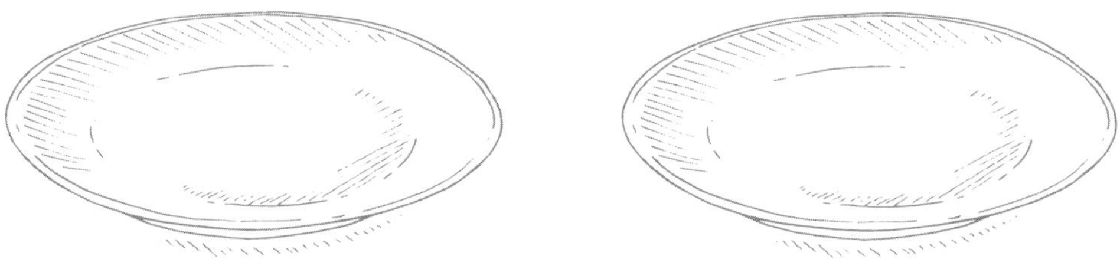

- **Versuch, jeden Tag fünf Portionen Obst oder Gemüse zu essen.**

Wasser ist toll!

Der menschliche Körper besteht zu über 60 Prozent aus Wasser. Aber dieses Wasser verliert er ständig ein bisschen – durch Ausatmen, Schwitzen, Weinen oder auf der Toilette.

Kinder brauchen mindestens sechs bis acht Gläser Wasser pro Tag, um gesund zu bleiben und genug Flüssigkeit im Körper zur Verfügung zu haben. Wasser trinken hilft dir beim Wachsen, Spielen und Lernen.

Schon gewusst?

- ⋆ Auf der Erde hat es immer schon dieselbe Menge Wasser gegeben. Es gibt einen Kreislauf, in dem das Wasser in der Natur ganz natürlich recycelt wird. Das heißt: Das Wasser, das wir heute trinken, besteht aus denselben Molekülen wie das, das die Dinosaurier getrunken haben!

ÜBUNG: MEIN SCHLAFZIMMER

Tagsüber müde zu sein, macht wirklich keinen Spaß! Wenn du genug schläfst, fühlst du dich besser und hast mehr Energie. Wie sieht dein Schlafzimmer aus? Zeichne es in das Foto unten.

Mein Schlafzimmer

★ **Du solltest jede Nacht gut und genug schlafen.**

Wenn dein Schlafzimmer aufgeräumt ist und du nur Dinge darin hast, die dir wirklich wichtig sind, kannst du besser entspannen und einschlafen. Bei dir ist es eher unordentlich? Dann miste doch ein bisschen aus und spende die Spielsachen, die du nicht mehr brauchst. So hast du mehr Platz für die Dinge, die dir am Herzen liegen.

ÜBUNG: EINSCHLAFEN

Kannst du manchmal nicht gut einschlafen? Dann versuch diesen Trick: Mach es dir unter deiner Bettdecke richtig gemütlich und denk an deine Ohrläppchen. Wie fühlen sie sich an? Und wie fühlt sich dein Kinn an? Schließ die Augen und spüre vom Kopf bis zu den Füßen in jedes Körperteil hinein. Das entspannt und macht müde.

Liebe deinen Körper!

Dein Körper ist ein echtes Wunder. Er besteht aus 10 bis 100 Billionen Zellen, die alle zusammenarbeiten, damit du atmen, lachen, singen und tanzen kannst. Dein Herz schlägt täglich über 100 000 Mal. Und durch deine Nervenbahnen werden Nachrichten mit einer Geschwindigkeit von bis zu 270 Stundenkilometern zum Gehirn gesendet.

Dein Körper verändert sich, wenn du langsam erwachsen wirst. Spürst du diese Veränderungen auch? Machen sie dir vielleicht Angst oder schämst du dich sogar dafür? Dann vergiss nicht: Diese Veränderungen sind ganz normal, jeder Mensch erlebt sie.

Und noch etwas: Dein Körper gehört dir und niemand darf ihn ohne deine Erlaubnis anschauen oder anfassen. Du kannst immer mit deinen Eltern oder einer Lehrkraft reden, der du vertraust, wenn dich etwas bedrückt.

Spieglein, Spieglein

Für viele Menschen ist es unglaublich wichtig, schön zu sein. Aber gutes Aussehen, tolle Kleidung oder schöne Haare sind beim Spielen überhaupt nicht wichtig. Oder wenn man einen Ausflug macht. Oder eine Umarmung braucht. Jeder Mensch ist einzigartig und sieht auf seine ganz eigene Weise schön aus. Dein Körper, dein Gesicht, dein Lächeln … alles von Kopf bis Fuß ist einzigartig an dir und genau richtig.

Vergiss nie: **Du bist nicht auf der Welt, um von anderen beurteilt zu werden!** Es ist tausendmal wichtiger, schöne Dinge zu machen und glücklich zu sein, als seine Zeit damit zu verschwenden, anderen Menschen zu gefallen.

Es gibt keine perfekten Menschen

Viele Menschen, die im Fernsehen oder in Zeitschriften auftauchen, sehen perfekt aus, fast so, als wären sie nicht von dieser Welt. Das sind sie auch nicht wirklich, denn sie sehen nur durch eine besondere Beleuchtung und spezielle Computertricks so aus. Im wirklichen Leben sind auch berühmte Menschen so wie du und ich, also ganz normal. Es gibt darum auch überhaupt keinen Grund, wegen irgendwelcher Äußerlichkeiten ein schlechtes Selbstwertgefühl zu haben! Am nettesten und interessantesten sind ohnehin die Menschen, die ganz natürlich und sie selbst sind.

Wenn dich jemand wegen deines Äußeren beleidigt, ist es nicht dein Körper, dein Gesicht, deine Kleidung oder dein Haar, das sich ändern muss. Ändern muss sich nur die Einstellung des Menschen, der so etwas tut!

Du findest dich nicht schön? Dann denk daran, dass es keine perfekten Menschen gibt. Betrachte deinen Körper als etwas Einzigartiges – einen wertvollen, unersetzbaren Schatz!

Ich mag mich.

Unterschiede sind cool.

Ich bin stolz auf mich.

Ich lasse mich nicht niedermachen.

Ich bin wundervoll.

Ich bin stark.

ES GIBT MICH NUR EINMAL

ÜBUNG: ICH MAG MICH!

Schreib jetzt drei Dinge auf, die dir an deinem Körper besonders gut gefallen (es können auch mehr als drei sein)! Beispiel: meine Locken, die Muskeln an meinen Beinen, mein Gehirn …

★ **Jeder Mensch hat andere Körperbereiche, die ihm an sich besonders gefallen.**

TEIL 5: ZUKUNFTSPLÄNE

Freu dich auf deine schöne Zukunft!

Ich bin wirklich beeindruckt, wie weit du schon gekommen bist! Ich hoffe, dass dir die Mitmachübungen in diesem Buch helfen konnten, dein Selbstwertgefühl zu stärken und es auch stark zu halten.

All die Dinge, die du über dein Selbstwertgefühl, deine Gedanken und Gefühle gelernt hast, kannst du jetzt jeden Tag im echten Leben testen und anwenden.

Aber keine Sorge, falls dein Selbstwertgefühl zwischendurch auch mal wieder sinkt. Das ist ganz normal! Vergiss nicht: Wenn du nicht weiterkommst, kannst du immer wieder in diesem Buch nachschlagen, mit einem vertrauten Erwachsenen reden oder einfach kurz Pause machen, um dich zu entspannen.

ÜBUNG: MEINE ZUKUNFTSPLÄNE

Was möchtest du werden, wenn du groß bist? Hier geht es um mehr als nur deinen Beruf. Schreib auf, wie du dir dein Leben als Erwachsener vorstellst, oder mal ein Bild davon.

Wo würdest du gern leben? Was möchtest du in deiner Freizeit machen? Willst du ein Haustier haben?

Du bist nicht allein

Fast alle Kinder sind ab und zu mit sich unzufrieden. Es gibt aber viele, die genauso mutig waren wie du und ihre Meinung über sich selbst und die Welt um sie herum geändert haben. Und sie haben so ein besseres Selbstwertgefühl bekommen.

Ronja, 8: »Ich hatte totale Angst vor dem Sportfest an der Schule. Besonders vor dem Laufen. Da hätte ich am liebsten gar nicht mitgemacht, weil es das Schlimmste an der Schule ist, ehrlich! Als ich dann fertig war, hat es aber total Spaß gemacht, die anderen anzufeuern. Unser Team ist Zweiter geworden. Nächstes Jahr werde ich nicht mehr so viel Angst davor haben.«

Jonas, 10: »Letztes Jahr hatte ich zwei beste Freunde, die mich oft ausgeschlossen haben. Ich dachte, sie machen das, weil ich langweilig bin. Aber jetzt habe ich neue Freunde gefunden, die mich nicht ausschließen. Deshalb denke ich das jetzt nicht mehr.«

Amira, 11: »Ich wurde lange von anderen gemobbt. Sie haben gesagt, dass ich fett bin und verschwinden soll. Eine Zeit lang dachte ich, dass sie recht haben. Jetzt weiß ich, dass mit meinem Körper alles in Ordnung ist und die anderen einfach nur gemein waren.«

Cornelius, 9: »Einmal habe ich mich sehr über mich geärgert, weil ich eine Zwei in einem Test geschrieben habe. Mein Freund hatte auch eine Zwei, aber er hat sich darüber gefreut.«

Mia, 8: »Wenn ich vor anderen sprechen oder Theater spielen soll, habe ich vorher immer Angst. Dann macht es mir aber Spaß.«

Ali, 7: »Nach einem Kindergeburtstag bin ich einmal krank geworden. Von da an wollte ich nicht mehr zu Geburtstagen gehen, um nicht noch mal krank zu werden. Nach dem Kindergeburtstag meiner Schwester bin ich aber nicht krank geworden. Deswegen habe ich jetzt nicht mehr so viel Angst davor.«

Berit, 11: »Im Unterricht bin ich immer sehr schüchtern, weil die anderen viel schlauer sind als ich. Ich melde mich nie, weil ich Angst habe, etwas Falsches zu sagen. Mathe ist mein Lieblingsfach, nur da traue ich mich manchmal, mich zu melden. Das fühlt sich gut an, und vielleicht schaffe ich es bald auch in anderen Fächern.«

Sergej, 11: »Ich habe eine Lese-Rechtschreib-Schwäche. Damit die anderen es nicht merken, habe ich mich über sie lustig gemacht, wenn sie etwas vorlesen mussten. Mein Lehrer hat dann im Unterricht allen erklärt, was eine Lese-Rechtschreib-Schwäche ist. Seitdem ist mir das nicht mehr peinlich, und ich muss die anderen nicht mehr auslachen, um mich besser zu fühlen.«

Tilda, 7: »Als ich eine Brille bekommen habe, hatte ich Angst, dass mich die anderen auslachen würden. Ich habe so getan, als ob ich krank wäre, um nicht in die Schule gehen zu müssen. Als ich dann doch zur Schule musste, fanden meine Freundinnen die Brille total schön!«

Du hast es geschafft

Bopp fand es toll, mit dir zusammen so viel über das Selbstwertgefühl zu lernen. Ich hoffe, du auch? Schlag dieses Buch gerne immer wieder auf, um dir in Erinnerung zu rufen, wie das Selbstwertgefühl funktioniert, oder um dir die Übungen noch einmal anzusehen, die du so gut gelöst hast.

Du kannst wirklich stolz auf dich sein! Und vergiss nie: Du bist super so, wie du bist. Lass dir nichts anderes einreden!

Für Eltern: So können Sie Ihrem Kind bei der Stärkung des Selbstwertgefühls helfen

Das Beste, was Sie für das Selbstwertgefühl Ihres Sprösslings tun können, ist, mit gutem Beispiel voranzugehen. Sprechen Sie vor Ihrem Kind positiv über sich, auch wenn Sie glauben, dass es gar nicht zuhört. Als Eltern sind Sie automatisch Vorbilder, ob Sie es wollen oder nicht. Kinder ahmen die Erwachsenen nach und lernen dadurch, sich in der Welt zurechtzufinden. Machen Sie sich nicht von Modeerscheinungen oder der Meinung anderer Leute abhängig, sondern konzentrieren Sie sich darauf, Ihre eigene mentale Ausgeglichenheit zu stärken. Pflegen Sie Ihre ganz persönlichen Interessen und Hobbys, um Ihrem Kind zu vermitteln, dass auch Sie einzigartig und besonders sind.

Bei Problemen sollten Sie immer eine positive, lösungsorientierte Sprache verwenden. Wenn etwas schiefgelaufen ist, dann suchen Sie nicht sofort nach einem Schuldigen oder überlegen, wie etwas hätte vermieden werden können. Schauen Sie sich stattdessen die Situation genau an und suchen Sie nach Lösungen.

Zeigen Sie Ihrem Kind, dass auch Sie als Erwachsener immer wieder dazulernen und Neues ausprobieren. Wenn Sie etwas Neues lernen, dann berichten Sie Ihrem Schatz von Ihrem »ersten Mal« oder lassen Sie ihn zusehen. Kinder begreifen vieles am besten, wenn sie konkrete Beispiele erleben. So können Sie etwa erzählen, wie lange Sie für den Führerschein gebraucht haben, oder schauen Sie mit Ihrem Kind Babyfotos an und sprechen Sie darüber, wie viel es seitdem schon gelernt hat.

Reden Sie auch über Diversität und erklären Sie ihm, wie man respektvoll mit anderen umgeht. Kann ein Kind die Unterschiede zwischen den Menschen positiv annehmen, kann es auch die eigenen Besonderheiten besser akzeptieren.

Wenn ein Kind an den eigenen Fähigkeiten zweifelt, neigen Eltern oft dazu, es für alles zu loben, was es tut. Doch das durchschauen Kinder rasch. Versuchen Sie vielmehr, konkrete Dinge zu loben. Hat Ihr Kind zum Beispiel ein schönes Bild gemalt, könnten Sie die Farbwahl hervorheben oder es nach einem bestimmten Detail im Bild fragen. Zeigen Sie Interesse an dem, was Ihr Kind tut oder weiß, denn es wird es genießen, sein Expertenwissen mit Ihnen zu teilen.

Falls sich das Kind mit etwas schwertut oder nicht sein Bestes gibt, können Sie vorschlagen, gemeinsam einen Plan zu erstellen, der Ihr Kind in kleinen Schritten zum Ziel führt.

Unter Kindern kann ein recht hoher Gruppenzwang herrschen. Vermitteln Sie Ihrem Kind deshalb, dass es etwas Besonderes und genau richtig ist. Machen Sie es auf positive Vorbilder aufmerksam und regen Sie seine Fantasie durch inspirierende Bücher, Filme und Aktivitäten an.

Ich hoffe sehr, dass die Informationen und Übungen in diesem Buch hilfreich waren. Es ist immer schwer mitanzusehen, wenn ein Kind einfach nicht erkennen will, wie wundervoll es ist. Aber Sie tun das Bestmögliche, wenn Sie Ihrem Kind das nötige Rüstzeug zur Verbesserung eines schlechten Selbstwertgefühls an die Hand geben. Auf den folgenden Seiten finden Sie noch ein paar Hinweise und Buchempfehlungen. Bleibt mir nur noch, Ihnen viel Erfolg zu wünschen!

Weitere Hinweise

Falls Sie sich ernsthafte Sorgen um die psychische Gesundheit Ihres Kindes machen, sollten Sie sich an Ihren Kinderarzt oder Hausarzt wenden. Nützliche Informationen und Ratschläge rund um die psychische Gesundheit von Kindern finden Sie hier:

https://www.kindergesundheit-info.de
https://www.elternwissen.com
https://www.kinderseele.ch
https://www.bundesgesundheitsministerium.de

Buchempfehlungen

Die Romantherapie für Kinder
Ella Berthoud und Susan Elderkin
Insel Verlag 2017

Kinder stark machen: was dem Selbstwert gut tut | Leicht umsetzbare Methoden, die das Selbstwertgefühl deines Kindes stärken
Vera Rosenauer
Remote Verlag 2021

Stärken-Schatzkiste für Kinder und Jugendliche
Falk Scholz
Beltz Verlag 2018

Bildnachweis

S. 3, 14, 18, 19, 22, 24, 26, 28, 29, 30, 32, 37, 39, 40, 41, 43, 44, 50, 53, 54, 55, 56, 58, 60, 63, 65, 69, 71, 78, 82, 84, 93, 96, 98, 108, 109, 112, 115, 120, 124, 126, 128, 130, 132, 133, 136, 138, 140, 144 – Monster © mers1na/Shutterstock.com; S. 21 – Schatzkiste © chuhastock/Shutterstock.com; S. 22 – Emojis © browndogstudios/Shutterstock.com; S. 24 – Regenwolke © lineartestpilot/Shutterstock.com; S. 30 – Messgerät © Icon Craft Studio/ Shutterstock.com; S. 32 – Abfall und Abfalleimer © Lemonade Serenade/Shutterstock.com; S. 39 – Weltkugel © Ohmega1982/Shutterstock.com; S. 44 – Gedankenblasen © NastyaBob/ Shutterstock.com, book © trentemoller/Shutterstock.com, Palette und Pinsel © Khabarushka/Shutterstock.com; S. 47–48 – Abzeichen © jakkapan/Shutterstock.com, Schere und gestrichelte Linie © Evgeniy Belyaev/Shutterstock.com; S. 53 – Kinder an Schultischen © advent/Shutterstock.com; S. 54–56 – Gedankenblasen © NastyaBob/Shutterstock.com; S. 58 – Teufelshörner © lineartestpilot/Shutterstock.com; S. 60 – Lupe © Netkoff/ Shutterstock.com; S. 63 – Fragezeichen © Nikolaeva/Shutterstock.com; S. 65 – Fahrrad © Netkoff/Shutterstock.com; S. 71 – Schreibtisch © Evgeniy Yatskov/Shutterstock.com; S. 73 – Kästen © ADELART/Shutterstock.com; S. 73–74 – Schere und gestrichelte Linie © Evgeniy Belyaev/Shutterstock.com; S. 80 – Stern © hchjjl/Shutterstock.com; S. 82–85, 87, 89, 91, 95, 101, 104 – Zeichnungen von Kindern © advent/Shutterstock.com; S. 98 – Gedankenblase © NastyaBob/Shutterstock.com; S. 108 – Scheinwerfer © advent/Shutterstock.com; S. 109 – Gedankenblasen © NastyaBob/Shutterstock.com, Lotusblume und Kerze © Daniela Barreto/Shutterstock.